QUANDO A DIVERSÃO CHAMA, ELA FALA MAIS ALTO QUE AS DIFERENÇAS ENTRE ESTES AMIGOS. BRINCAR JUNTOS É SEMPRE MAIS LEGAL!

A TURMINHA DO BAIRRO DO LIMOEIRO É MUITO ANIMADA. TODO DIA É DIA DE BRINCAR NA RUA E VIVER NOVAS AVENTURAS!

MÔNICA É CONHECIDA POR TODOS POR SER A DONA DA RUA. ELA É BEM FORTE E NÃO DEIXA NINGUÉM MEXER COM SEU COELHINHO SANSÃO!

MAGALI SÓ QUER SABER DE COMER. MELANCIA É SUA FRUTA FAVORITA E ELA PODE DEVORAR UMA INTEIRA RAPIDINHO!

CEBOLINHA É ESPERTO, MAS MUITO BAGUNCEIRO. O QUE ELE MAIS GOSTA DE FAZER É BOLAR PLANOS PARA PEGAR O COELHINHO DA MÔNICA.

CASCÃO NÃO PODE NEM PENSAR EM TOMAR BANHO! ELE GOSTA DE SUJEIRA E DE CRIAR BRINQUEDOS COM LIXO RECICLÁVEL.

DAS CONFUSÕES QUE A CRIANÇADA SE METE, SAEM AS MAIS DIVERTIDAS E INESQUECÍVEIS HISTÓRIAS.

NESSA TURMINHA, TEM LUGAR PARA TODO MUNDO E, POR ISSO, ELA NÃO PARA DE CRESCER. QUANTO MAIS AMIGOS, MELHOR!

QUANDO ESTA TURMINHA SE REÚNE, AS CONFUSÕES NÃO ACABAM! NEM A DIVERSÃO! NESTE ESPECIAL, TEM DESENHOS SUPERLEGAIS PARA COLORIR A MÔNICA, O CEBOLINHA, A MAGALI, O CASCÃO E TODA A TURMA!

A PARTIR DE 4 NÍVEL 1

COLORIR

PREÇO SUGERIDO
ISBN 978-85-432-2955-3
9 788543 229553
Ano 01
Edição 06
IMPRESSO NA ÍNDIA – LOTE 964

Segurança

Registro 007026/2021

OCP 0061

Compulsório

INMETRO

0-3

ARTIGO ESCOLAR

ATENÇÃO!

NÃO RECOMENDÁVEL PARA CRIANÇAS DE ATÉ 3 (TRÊS) ANOS, POR CONTER PARTE(S) PEQUENA(S) QUE PODE(M) SER ENGOLIDA(S) OU ASPIRADA(S). CRIANÇAS DE ATÉ 8 (OITO) ANOS DEVEM UTILIZAR SOB SUPERVISÃO DE UM ADULTO, POR CONTER PONTA(S) AGUDA(S) FUNCIONAL(IS).

ESTE SELO DE IDENTIFICAÇÃO DA CONFORMIDADE SE REFERE AO ARTIGO ESCOLAR E NÃO A TODO O PRODUTO DESTA EMBALAGEM.

IBC - INSTITUTO BRASILEIRO DE CULTURA LTDA.
CNPJ 04.207.648/0001-94
AV. JURUÁ 762 - ALPHAVILLE INDUSTRIAL
BARUERI/SP CEP 06455-010

COMPOSIÇÃO: PLÁSTICOS E GRAFITE COLORIDO
PRAZO DE VALIDADE INDETERMINADO
GUARDAR ESSA EMBALABEM PARA EVENTUAIS CONSULTAS

ORIGEM: ÍNDIA – SAC: ATENDIMENTO@EDITORAONLINE.COM.BR

On line EDITORA

IBC – INSTITUTO BRASILEIRO DE CULTURA LTDA.
CNPJ 04.207.648/0001-94
Avenida Juruá, 762 – Alphaville Industrial
CEP 06455-010 – Barueri/SP
www.editoraonline.com.br

Presidente: Paulo Roberto Houch
MTB 0083982/SP

Editora: Priscilla Sipans
(redacao@editoraonline.com.br)
Coordenador de Arte: Rubens Martim
Programadora Visual: Evelin Cristine Ribeiro
Vendas: Tel.: (11) 3393-7727 (comercial2@editoraonline.com.br)

2ª Impressão | 2023